KLEINE BIBL
DER
Küchenk

Aromatische KRÄUTER

Ihre Verwendung in Gerichten aus aller Welt

JILL NORMAN

Mit erlesenen Rezepten

FLECHSIG

EIN DORLING KINDERSLEY BUCH
ÜBERSETZUNG: PHILIPPA DURST

UMSCHLAGENTWURF: WOLFGANG HEINZEL
PHOTOGRAPH: DAVE KING
DRUCK UND VERARBEITUNG:
OFFIZIN ANDERSEN NEXÖ, LEIPZIG
PRINTED IN GERMANY

ISBN 3-88189-524-8

INHALT

EINFÜHRUNG

JEDER KANN ZU HAUSE KRÄUTER ZÜCHTEN, *ob im Garten, auf dem Balkon, am Fensterbrett, ob im Glashaus oder in Blumenkästen. Die meisten Kräuter bevorzugen lockere, gut feuchte Erde und einen sonnigen Standort. Die Sonneneinstrahlung bewirkt die Entwicklung ihrer ätherischen Öle, die für ihren charakteristischen Duft und das Aroma verantwortlich sind. Der zarte Duft, den Kräuter im Sommer verbreiten, ist eine der sympathischsten Begleiterscheinungen des Züchtens, während wir beim Verwenden in der Küche ihre geschmacklichen Eigenschaften schätzen, da diese sich bereitwillig an die Speisen mitteilen und in vielen Fällen auch durch das Kochen nicht beeinträchtigt werden. Gewürzkräuter werden sogar vorwiegend zum Kochen verwendet und geben auch im getrockneten Zustand ihre Geschmacksnote an die Speisen weiter, was aber nicht bedeutet, daß es gleichgültig wäre, ob man ein bestimmtes Kraut frisch oder getrocknet an ein bestimmtes Gericht gibt; ein Minzen-Julep würde mit getrockneter Minze nichts werden, während getrocknete Minze in vielen Speisen besser wirkt als das frische Kraut.*

Glücklicherweise gibt es heute rund ums Jahr eine größere Auswahl an frischen Kräutern im Supermarkt zu kaufen. Einige – wie Koriander und Petersilie – halten sich noch ein paar Tage im Glas Wasser zu Hause, aber meist empfiehlt es sich, die Kräuter im aufgeblasenen Plastikbeutel im Kühlschrank aufzubewahren. Koriander, Minze, Meerrettich und viele andere lassen sich, gehackt und in kleine Portionsbeutel abgepackt, auch tiefkühlen, sollten beim Kochen allerdings erst in letzter Minute beigegeben werden.

Petersilie, Basilikum und Koriander eignen sich weniger gut zum Trocknen. Getrockneter Estragon beispielsweise hat ein viel schwächeres Aroma als frischer. Minze, Majoran, Oregano und Rosmarin dagegen lassen sich gut trocknen – ihr Aroma verstärkt sich sogar. Wenn Sie also frische Kräuter statt getrockneter verwenden, sollten Sie mit ihnen sparsam umgehen. Dafür behalten Trockenkräuter ihr Aroma nicht unbegrenzt lange – die maximale Dauer beträgt etwa ein Jahr. Kaufen Sie also nur kleine Mengen ein.

Wenn Sie selbstgezogene Kräuter trocknen wollen, sollten Sie diese an einem Tag vor der Blütezeit einsammeln, an dem eine möglichst niedrige Luftfeuchtigkeit herrscht – am besten am Morgen vor Sonnenaufgang, wenn das Aroma am stärksten ist. Binden Sie die Kräuter zu Sträußen zusammen und hängen Sie sie an einem dunklen, aber luftigen Ort mit den Stengeln nach oben auf, oder legen Sie sie auf Papier in eine Schublade (Holzschrank!). Das Ofentrocknen ist keine gute Alternative, es sei denn, eine längere Schlechtwetterperiode zwingt Sie dazu. Je nach Pflanzensorte und Luftfeuchtigkeit nimmt das Trocknen etwa 10 bis 20 Tage in Anspruch. Danach werden die Blätter abgestreift und in Einweckgläsern hermetisch verschlossen. Es lohnt sich, auch getrocknete Kräutermischungen auf diese Weise parat zu halten. Pulverisierter Rosmarin, Thymian, Winterbohnenkraut, Lorbeerblätter und geriebene Zitronenschale (gleiche Teile) geben eine gute Gewürzmischung für Füllungen und Eintopfgerichte.

Kommerzielles Trocknen von Kräutern, um 1923

BASILIKUM

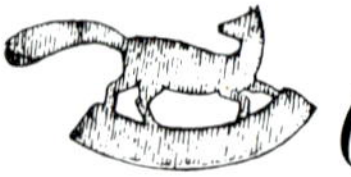

Ocimum basilicum *ist ein aus den Tropen stammendes Mitglied der Familie der Minzen, mit süßwürzigem Duft und Geschmack. Basilikum wird am besten frisch verwendet, hält sich aber auch in einem Glas mit Olivenöl und etwas Salz für einige Zeit. Die asiatischen Varietäten, in Indien nur vereinzelt, in Thailand dagegen ausgiebig verwendet, sind schärfer im Geschmack als die der kühleren Klimazonen.*

Ocimum basilicum

Frisches Basilikum gesellt sich gern zu Tomaten – rohen wie gekochten. Auberginen und Paprikagerichte profitieren ebenfalls von einem Blatt Basilikum, und dasselbe gilt für fester kochende Fische, wie Meeresbarsch und -äsche. Mit Knoblauch vermischt würzt es hervorragend ein einfaches Brathuhn; als Pesto alla Genovese verzückt es manchen Kenner knackiger al dente-Spaghetti. Essig mit einem Zusatz von Basilikum ist eine Gaumenfreude auf vielen Salaten.

LORBEERBLÄTTER

DIE HARTEN BLÄTTER *des Lorbeerbaumes* (Laurus nobilis) *werden ebenso wie die aus Indien stammenden weicheren Blätter des Zimtrindenbaumes frisch und getrocknet verwendet, um vielen Gerichten eine besondere Würznote zu verleihen. Im Europa des Mittelalters benutzte man Lorbeerblätter zum Ausstreuen, da ihr Duft antiseptische Wirkung hat.*

Lorbeerblätter sind wesentlicher Bestandteil der meisten Speisen im Mittelmeerraum und in Frankreich – in Marinaden, Eingelegtem, Suppen, im Bouquet Garni, in Schmorgerichten und in der Milch, die für gebundene helle Saucen genommen wird.

Die frischen Blätter sind machmal etwas bitter, aber dieser Geschmack verflüchtigt sich sehr bald. Die Blätter sollten im Dunklen getrocknet werden, damit sie ihre Farbe behalten.

Laurus nobilis

BERGAMOTTE

MONARDA DIDYMA, die Bergamotte, ist eine nordamerikanische Verwandte unserer Minze, die als Oswego-Tee (nach ihrer indianischen Herkunft) 1773 durch die Boston Tea Party beliebt wurde. Später gelangte sie nach England, wo sie hauptsächlich an Obstsalate gegeben wird. Bei uns schätzt man mehr ihr Öl, das in der Aromatherapie erfolgreich gegen Depressionen und zur Abwehr von Infektionen eingesetzt wird.

Bergamottblätter sollten sparsam verwendet werden. Sie schmecken gut im Salat – dem man zur Abwechslung auch die Blüten beigeben kann – oder in Füllungen, und eignen sich zum Aromatisieren von Marmeladen, Gelees und Puddingmilch.

Monarda didyma

Die Pflanze gibt von Kopf bis Fuß einen angenehmen zitronenartigen Duft von sich und war deshalb lange Zeit beliebt als Rabattenpflanze in Gärten. Ihr kulinarischer Wert ist dabei kaum beachtet worden.

KORIANDER

OBWOHL KORIANDER (CORIANDRUM SATIVUM), *in Indien und China seit Tausenden von Jahren bekannt ist, gelangte es erst über die arabische Küche in den Mittleren Osten, nach Nordafrika, Spanien, Portugal und von dort aus in die Neue Welt.*

Koriander ist auch als »chinesische Petersilie« bekannt, wird in China selbst aber »das duftende Kraut« genannt und wird dort – kleingehackt – viel in Saucen verwendet. In Indiens Küchen kommt man ohne Koriander kaum aus. Vom Mittleren Osten westwärts werden Samen und Kraut gleichwertig benutzt. Das Kraut wird normalerweise frisch verwendet. Es läßt sich nicht trocknen, jedoch gut tiefkühlen oder, in Öl und Salz eingelegt, wie Basilikum konservieren. Koriander verträgt das Kochen nicht besonders gut und sollte gegen Ende des Kochens in die Speisen gemischt werden. In Indien und Südamerika kennt man die ausgezeichnete Kombination von Koriander mit grünen Chillies für Chutneys (eingelegte Mischgewürze mit bestimmten Obst- oder Gemüsestücken) und Saucen. Suppen, Salate und Füllungen geraten besonders schmackhaft mit Koriander.

Coriandrum sativum

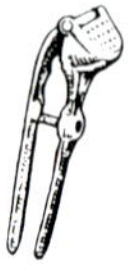

KNOBLAUCH

ALLIUM SATIVUM, der Knoblauch, ist einer der Grundpfeiler im Küchenalltag. Stimulans und Gewürz zugleich, mit stark wärmenden Eigenschaften gekennzeichnet, verhilft er zur Ausbalancierung schärferer Aromen wie denen von Ingwer und Chillies.

Roher Knoblauch ist sehr streng auf der Zunge; gekocht jedoch wird er mild und nahezu geruchsfrei. Beim Anbraten aus der Pfanne nehmen, bevor er braun wird und damit bitter.

Allium sativum

Knoblauch ist das Hauptelement scharfer Saucen wie Aioli und einer Unzahl italienischer Nudelsaucen und das kaum wahrnehmbare Grundaroma vieler Fleisch-, Wild- und Fischrezepte. Er verträgt sich ausgezeichnet mit den meisten Gemüsesorten sowie mit fast allen Kräutern und Gewürzen. Sachte weichgekochte Knoblauchzwiebeln geben außerdem eine mildschmeckende Beilage zum Rostbraten.

MEERRETTICH

MEERRETTICH, Armoracia rusticana, ist leicht an seinen großen, gekräuselten, von der Wurzel aus senkrecht nach oben wachsenden Blättern und im Sommer an den weißen, wie an langen Nadeln wachsenden Blüten zu erkennen. Meerrettich, auch als Kren bekannt, ist nicht leicht auszugraben, da die Pflanze ein weitverzweigtes Wurzelnetz entwickelt – und gerade diese Wurzeln werden zur Herstellung unseres Gewürzes verwendet.

Mann kann die Wurzel abschaben (oder, wenn Sie reinweißen Kren haben wollen, schälen) und reiben, was allerdings ein noch tränenreicheres Verfahren ist als Zwiebelschalen, und das Abgeriebene sofort verwenden. Seine aktiven Würzeigenschaften lassen sich verlängern, wenn man damit eine Sauce aus Yoghurt und Sahne und etwas Zucker und Essig anrührt oder es mit Senfpulver, Wasser, Salz und Pfeffer zu einer länger haltbaren Beilage verarbeitet.

Armoracia rusticana

LIEBSTÖCKEL

LEVISTICUM OFFICINALE war bereits im alten Rom und vorher schon in Griechenland als Würzmittel beliebt. Es wächst wild entlang unserer Atlantikküsten und wird von Schottland bis Amerika als Gemüse gern gegessen. Die Stengel des Krauts können kandiert werden, und die Samen des »Maggikrauts«, wie es bei uns häufig genannt wird, dienen auch als Zutat in Brot und Knabbereien.

Ein paar frische Blätter beleben einen grünen Salat und passen gut zu Tomaten- und Eiergerichten (Blätter zerreißen!). Maggikraut ist in Suppen und Eintopfgerichten oft die einzige ideale Ergänzung. Sein an Hefe erinnerndes Aroma überträgt einen beinahe fleischartigen Geschmack – besonders Hülsenfrüchten, aber auch Füllungen und Saucen.

Levisticum officinale

PETERSILIE

*P*ETROSELINUM CRISPUM, *zu deutsch »krause Petersilie«, wird in vielen Ländern Europas hauptsächlich als Garnierung zu Fisch und Kartoffeln benutzt. Bei uns wird sie inzwischen genauso ausgiebig verwendet wie die flache* (P. sativum) *und ist so selbstverständlich beim Kochen dabei wie Salz und Pfeffer.*

Petersilie wird nahezu ausschließlich frisch verwendet. Sie ist ein wesentlicher Bestandteil jedes bouquet garni. Die feingewiegten Blätter sind unverzichtbar in vielen Saucen und in Kräuterbutter.

Selbst die indonesische Küche benutzt heute Petersilie, und in türkischen Omeletts ist sie ein Anzeichen für den beginnenden Frühling. Petersilie sieht außerdem sehr hübsch aus in Aspik.

Petroselinum crispum

Petroselinum sativum

MAJORAN & OREGANO

MAJORAN (ORIGANUM MAJORANA) *wurde schon vor Hunderten von Jahren im Osten wegen seiner medizinischen und kulinarischen Eigenschaften angebaut. Das Kraut wurde im Mittelalter in Europa eingeführt und wegen seines Dufts im Eau de toilette sehr geschätzt. Heute finden wir den Majoran als »Bratenkräutel« in der Küche wieder, wo er zusammen mit oder anstatt Thymian benutzt wird.*

Oregano *(O. vulgare)* ist der gebräuchliche Name für den wilden Majoran oder Dost, der vom Himalaya bis zu den Britischen Inseln weitverbreitet anzutreffen ist und in Mexiko auch für Pflanzen benutzt wird, die ähnliche Eigenschaften wie Oregano besitzen, aber mit diesem nicht verwandt sind. Das Kraut, das in wärmeren Gegenden wächst, ist sehr viel feuriger als der

Oregano der feuchten, kälteren Zonen. Oregano wie Majoran können gut getrocknet verwendet werden. Tatsächlich wird der erstgenannte auch gar nicht anders als getrocknet exportiert, da er in dieser Form seine Aromastoffe in erstaunlichem Maße behält. Der delikate Duft und der Geschmack des Majorans geht beim Kochen schnell verloren, weshalb Sie ihn am besten kurz vor Kochende beigeben. Das gehackte, frische Kraut ergibt zusammen mit etwas Zitronensaft eine feine Salatsauce. Oregano, traditionsgemäß »das Pizzagewürz«, entfaltet sein Aroma am besten zusammen mit Zwiebeln, Auberginen, Tomaten, Bohnen und Fleisch.

O. v. aureum

O. varietas rosa blühender Majoran

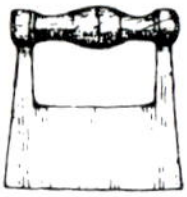

MINZE

MINZE (MENTHA SPECIES) *ist seit der Antike ein vielverwendetes Gewürzkraut. Die Pflanze stammt aus dem Mittelmeerraum. Die Varietät mit dem intensivsten Aroma ist die Pfefferminze* (M. piperita), *sie ist deshalb bei bestimmten Gerichten bevorzugt. Aber auch Apfel- und Poleiminze werden in der Küche gern verwendet.*

Mentha spicata
Grüne Minze

Mentha spicata variegata,
Gefleckte Apfelminze

Minze verträgt sich nicht besonders gut mit anderen Kräutern, doch ihr starkes, eigenwilliges Aroma paßt gut zu einer ganzen Reihe von Nahrungsmitteln – einigen Bohnensorten (England), neuen Kartoffeln, zu Lamm- und Hammelbraten, Yoghurt und Gurkensalat (Türkei und andere Balkanländer). Minze ist ein Muß in Indien und Marokko, wo sie in süßen Tees verwendet wird. Auch in härteren Drinks, zum Beispiel im nordamerikanischen Minzen-Julep auf Whiskybasis, darf der Stengel frische Pfefferminze nicht fehlen. Minze läßt sich gut trocknen, ohne ihr starkes Aroma einzubüßen.

Mentha x *villosa*

ROSMARIN

*A*UCH ROSMARIN (Rosmarinus officinalis) *ist ein Kraut aus dem Mittelmeerraum, das heute in vielen anderen Regionen Europas und Nordamerikas heimisch geworden ist. Diese herb-aromatische Pflanze wächst sogar auf kargstem Boden, sofern sie genügend Wärme und trockene Luft bekommt. Ihre ledrigen, gestiftelten Blätter duften und schmecken etwas nach Kiefernnadeln und Kampfer, und tatsächlich enthält Rosmarin zwei Kampferöle. Die Pflanze, die in einer langen Blütezeit sehr hübsche blaßblaue Blütchen treibt, ist ein immergrüner Strauch, weshalb Rosmarin rund ums Jahr frisch zu bekommen ist.*

Rosmarinus officinalis

Rosmarin wird für gewöhnlich als ganzer Zweig verwendet, damit er nach dem Kochen – oder bei Tisch – leicht entfernt werden kann. Die harten Blätter sind nicht allzu wohlschmeckend, wenn sie gekaut werden. Rosmarin verträgt sich gut mit Knoblauch und Wein in Marinaden oder Kochflüssigkeiten für Hasenbraten oder anderes kleinere Wildbret. Rosmarin wird seit jeher zum Braten und Grillen – vorwiegend Lamm und Zicklein – verwendet, gibt aber auch Fisch, am offenen Feuer geröstet, ein vorzügliches Aroma.

SALBEI

UNTER DEN VIELEN VARIETÄTEN *des Salbeis* (Salvia officinalis) *gibt es Heil- und Küchenpflanzen wie auch Ziersorten. Zu den erstgenannten gehören die blaublühende, schmalblättrige Varietät und die für gewöhnlich nicht blühende breitblättrige. Sie sind die meistgenutzten Sorten. Namen wie Ananas-, Lavendel- oder Muskatellersalbei weisen auf die Aromaunterschiede einzelner Sorten hin. Salbei – vom Lateinischen salvare = retten – ist in der Medizin seit alters sehr geschätzt. In einem provençalischen Sprichwort heißt es: »Salbei heilt. Wer ihn im Garten hat, braucht keine Medizinen.«*

Salbei teilt mit mit Rosmarin den Ruf, ein eher »rauhbeiniges« Kraut zu sein – wie beim Rosmarin sind dafür die enthaltenen Kampferöle verantwortlich. Doch seine Anwendung reicht weit über Tee oder Saltimbocca alla romana hinaus: Versuchen Sie ihn in Zwiebelfüllungen, zu Schweinebraten und Geflügel, zu Aal, Leber, Bohnen oder auch Erbsen und Kebabs, und in Saucen.

Salvia officinalis

BOHNENKRAUT

DIE RÖMER *brachten das Bohnenkraut* (Satureja montana) *aus dem Mittelmeerraum ins restliche Europa. Einwanderer späterer Jahrhunderte nahmen es mit in die Neue Welt. Sommer- und Winterbohnenkraut sind nur zwei einer ganzen Reihe von Arten, die bis zum Auftreten kräftigerer Spezies aus östlichen Ländern weit verbreite. spitzen Blättchen schmecken am besten vor*

Das ziemlich aggressive, pfefferartige Aroma des Bohnenkrauts – das auch im getrockneten Kraut noch erhalten bleibt – wird seit jeher für Würstchen, Füllungen und vor allem zum Schmoren von grünen Bohnen (auch getrockneten Bohnen) verwendet. Es paßt gut zu Gurken und gibt, im Strauß mit anderen frischen Kräutern, ein gutes Fischgewürz ab.

Satureja montana

ESTRAGON

ARTEMISIA DRACUNCULUS *(Echter oder Französischer Estragon) hat ein scharfes, etwas bitteres Aroma, das seine Verwandtschaft mit dem Wermut verrät. Der Estragon erreichte uns in Europa erst im 16. Jahrhundert, als die Mauren ihn aus seiner Heimat im Mittleren Osten nach Spanien brachten. Estragon ist ein Gewürzkraut mit vielseitiger Anwendung, die vom appetitanregenden Duft eines Grillbratens bis zum Gewürz-Eiswürfel in Erfrischungsdrinks reicht.*

Französischer Estragon besitzt ein feineres Aroma als der Russische *(A. dracunculoides)*. Er wird gern zum Braten genommen, oder in Estragonbutter mit Spargeln und Artischocken gereicht.

Artemisia dracunculus

Estragonessig wird hergestellt, indem man das frische Kraut in Weinessig eintaucht und den Infus etwa 2 Monate stehen läßt. Er ist eine gute Grundlage für die Zubereitung von Senf, Salatdressings und vieler anderer Saucen.

THYMIAN

ES WAREN DIE GRIECHEN, *die der* Species Thymus *ihren Namen gaben, doch waren sie nicht die ersten, die die kulinarischen Eigenschaften des Krautes erkannten. Viele Varietäten – mit ebenso unterschiedlichem Aroma – wachsen wild in den trocken-heißen Gegenden Westasiens und Nordafrikas, und im südlicheren Teil Europas. Einige Sorten wurden speziell für die kühleren Zonen gezüchtet.*

Arzneithymian
Thymus pulegioides

Thymian ist eines der ständig gebrauchten Würzkräuter in den Küchen der meisten europäischen Länder. Er ist einer der Standardkräuter des bouquet garni und Hauptaroma in mancher Bouillon, paßt gut zum Gemüse – von der Tomate bis zur Kartoffel – und zu Fisch, Fleisch, Geflügel und Füllungen. Sein Aroma verträgt das Kochen (auf kleiner Flamme, zum Beispiel im Eintopfgericht) und geht selbst in Kombination mit Knoblauch, Zwiebel und Brandy oder Rotwein nicht unter, sondern verstärkt sich in dieser Gewürzkombination eher noch. Ähnlich schmackhaft würzt Thymian Marinaden für Schweinefleisch oder die Beize zum Wild, kann aber auch gut als Einmachgewürz zum Einlegen von Oliven verwendet werden. Thymian läßt sich verhältnismäßig gut trocknen, doch scheinen mir die feineren der unterschiedlichen Aromakomponenten dabei verlorenzugehen. Einige Thymianvarietäten *(gefleckte oder Variegata-Arten)* werden zu dekorativen Zwecken im Garten gepflanzt.

Thymus
»Aureus«

T. x citriodorus
argenteus

Gartenthymian
Thymus vulgaris

Feldthymian
Thymus serpyllum

Zitronenthymian
T. x citriodorus

Rezepte

Alle Rezepte sind für 4 Personen gedacht, manche (Brot) sind jedoch ergiebiger

Kräuterbrot

Ich mag es am liebsten mit Rosmarin, aber Salbei, Thymian oder Majoran geben auch ein gutes Aroma.

175 ml Milch
1 Teelöffel Salz
15 g Butter
7 g Trockenhefe
375 g Weißmehl
175 ml warmes Wasser
2 Eßlöffel feingehackter, frischer oder 2 Eßlöffel getrockneter Rosmarin

Die Milch erhitzen und Salz und die Butter einrühren, bis diese sich aufgelöst hat. Die Trockenhefe in etwas warmem Wasser gehen lassen und diese Mischung in den Mehlberg einrühren – anschließend die Milch. Den gehackten Rosmarin darüberstreuen und gut durchmischen. Der Teig sollte ziemlich weich sein, etwa wie ein Eierteig, und sich mit einem Holzlöffel leicht rühren lassen. Zudecken und an einem warmen Platz gehen lassen, bis der Teig wenigstens

auf seinen doppelten Umfang angeschwollen ist – etwa eine Stunde. Nun verknetet man ihn eine Minute lang und gibt ihn anschließend in eine eingefettete Kastenform (ca. 20 cm lang). Sogleich in das vorgeheizte Backrohr geben und bei 180° etwa 1 Stunde backen. Der fertig gebackene Brotlaib sollte hohl klingen, wenn man ihn auf der Unterseite beklopft.
Dieses Brot hält sich ein, zwei Tage, schmeckt aber frisch natürlich am besten.

FOCACCIA ALLA SALVIA
Salbeibrot

7 g Trockenhefe
375 g starkes Weißmehl
250 ml warmes Wasser
1 Teelöffel Salz
2 Eßlöffel frisch gehackte Salbeiblätter oder 2 Teelöffel getrockneter Salbei
Olivenöl

Die Trockenhefe im warmen Wasser gehen lassen. Salbei und Salz unter das Mehl mischen, einen Eßlöffel Olivenöl und das Hefewasser hinzugeben und alles zu einem Teig verarbeiten. Kneten Sie ihn auf einer bemehlten Oberfläche oder in einer Schüssel, bis ein elastischer, glatter Teig entsteht. Geben Sie anschließend etwas Öl in die Schüssel und lassen Sie den Teig darin etwa 50 Minuten lang – oder solange, bis er tüchtig aufgegangen ist – gehen. Rollen Sie den Teig danach auf einer bemehlten Oberfläche zu einem ungefähr 2,5 cm dicken Rund aus. Geben Sie die Focaccia (Brotkuchen) auf ein gefettetes Backblech, drücken Sie mit den Fingern ein paar Vertiefungen in die obere Seite und lassen Sie sie weitere 30 Minuten gehen. Dann etwas Öl darüberstreichen, etwas Salz daraufstreuen und im vorgeheizten Backrohr bei 190 °C etwa 40 Minuten backen.

Bouquet garni

Ein paar Thymianzweige, ein *Lorbeerblatt* und *2* oder *3 Stengel frische Petersilie* – fertig ist die Grundkombination, die ein Bouquet garni – oder Mischkräuterbund – ausmacht. Hinzu kann gelegentlich eine Stange Staudensellerie oder ein weiteres Kraut, wie Liebstöckel, Majoran oder Salbei kommen.
In der Provence gehört ein Streifen Orangenschale dazu. Für ein Fischgericht sollte ein Stückchen Zitronenschale nicht fehlen.

Tomatensauce

1 kleine Zwiebel, feingehackt
2 Eßlöffel Olivenöl
2 zerdrückte Knoblauchzehen
500 g Tomaten, gehackt
2 Eßlöffel Tomatenmark
1 Thymianzweig
1 Lorbeerblatt
2 Eßlöffel gehackte Petersilie
150 ml Weißwein
3 Eßlöffel Wasser
Salz und Pfeffer

Die Zwiebel im Öl sautieren, bis sie weich ist. Den Knoblauch hinzugeben und weiterschmoren. Nach etwa 2 Minuten die Tomaten, das Tomatenmark, den Thymian, das Lorbeerblatt und die Petersilie dazurühren. Mit Salz und Pfeffer abschmecken und anschließend mit dem Weißwein und dem Wasser aufgießen. Gut verrühren, zudecken und 20 Minuten simmern lassen. Danach die Sauce durchsieben und servieren.

Basilikum- und Minzensauce mit rotem Paprika

1 große Handvoll Basilikumblätter
3–4 Minzenstengel
1 rote Gemüsepaprika
3 Eßlöffel Olivenöl
2 Eßlöffel Rotweinessig
1 kleine Knoblauchzehe, feingehackt
Salz und Pfeffer

Streifen Sie die Blätter von den Minzenstengeln und hacken Sie sie fein zusammen mit den Basilikumblättern. Braten Sie die rote Paprikaschote über einer Flamme oder im Grillgerät an, bis sie rundum schwärzlich gefärbt ist. Wickeln Sie die Schote in ein Stück feuchtes Haushaltspapier. Nach ein paar Minuten wird sich die Haut leicht abziehen lassen. Entfernen Sie nun die Samen und alle Faserteile im Innern und hacken Sie das Fruchtfleisch fein. Mischen Sie Öl, Essig, Knoblauch und Salz und Pfeffer und rühren Sie in diese Mixtur die Kräuter und die gehackte Paprikaschote ein. Diese Sauce eignet sich zur Abwechslung für kalten Fisch – zum Beispiel pochierten Glattrochen oder Steinbutt.

Rote-Beete-Salat mit Äpfeln und Meerrettich

50 g geriebener Meerrettich
3 Eßlöffel Weinessig
1 Eßlöffel Zucker
2 feste, nicht mehlige Äpfel
3 Eßlöffel Olivenöl
250 g gekochte Rote Beete, würfelig geschnitten
Salz und Pfeffer

Meerrettich, 2 Eßlöffel Weinessig und Zucker zusammen verrühren. Die Äpfel schälen, vierteln und kleinschneiden und mit dem Meerrettich mixen. 2 Eßlöffel Öl dazugeben und nochmals gut vermischen. Die Roten Beete in dem verbliebenen Öl und dem Essig wenden und mit Salz und Pfeffer würzen. Auf einem Teller in der Mitte aufhäufeln und ringsum mit der Apfel-Meerrettichmischung garnieren.

Karottensalat

Geriebene Karotten mit *Olivenöl* und *Zitronensaft* anmachen. Mit *Salz* und *Pfeffer* würzen und feingehackten *Liebstöckel* oder *Koriander* darüberstreuen. Alles gut vermischen und eine halbe Stunde stehen lassen, damit sich die einzelnen Aromastoffe gut verbinden.

PERSISCHE KICHERERBSENSUPPE MIT FLEISCHKLÖSSCHEN

175 g mageres Rindfleisch, gehackt
1 Zwiebel, fein gehackt
¼ Teelöffel Zimt
Salz und Pfeffer
175 g Kichererbsen, die man über Nacht eingeweicht hat
125 g Linsen
2 Stangen Lauch, dünn geschnitten
175 g gehackter Spinat
125 g frische Mischkräuter – Liebstöckel, Minze, Petersilie, Koriander Dill – gehackt
25 g Butter

Hackfleisch, Zwiebel, Zimt mit Salz und Pfeffer gut vermischen und aus der Masse walnußgroße Fleischklößchen formen. Zur Seite legen. Die Kichererbsen in einem großen Topf mit 1½ l Wasser zum Kochen bringen, zudecken und 30 Minuten lang leise kochen. Die Fleischklößchen und die Linsen hinzugeben und weitere 30 Minuten – oder länger – kochen. Dann den Lauch und den Spinat in die Suppe geben und das ganze noch einmal 20 Minuten köcheln lassen. Zum Schluß die Kräuter hineinstreuen und noch ein paar Minuten kochen. Vom Feuer nehmen und vor dem Servieren die Butter einrühren.

Liebstöckelsuppe

25 g Butter
1 Zwiebel, gehackt
2 Eßlöffel Mehl
600 ml Hühnerbrühe
3 Eßlöffel gehackte Liebstöckelblätter
Saft einer halben Zitrone
Salz und Pfeffer
150 ml Sahne

Die Butter in einem Topf schmelzen lassen und darin die Zwiebel glasig schmoren. Das Mehl einrühren und gut verrühren. Dann mit der Hühnerbrühe aufgießen und weiter umrühren, bis die Suppe einzudicken beginnt. Liebstöckel und Zitronensaft hinzufügen und etwa 20 Minuten leise kochen. Mit Salz und Pfeffer abschmecken und anschließend im Mixer pürieren oder durch ein Sieb treiben. Die Sahne einrühren, nocheinmal vorsichtig erhitzen und servieren.

Fischsuppe mit Estragon

1 große Zwiebel, in Ringe geschnitten
Weiße Teile von 2 Lauchstangen, in Ringe geschnitten
1 große Kartoffel, würfelig geschnitten
1 Lorbeerblatt, 2 Estragonzweige
Salz, weißer Pfeffer, 150 ml Sahne
375 g Fischfilets (weißes Fleisch)
1 Eßlöffel frischgehackter Estragon

Das Gemüse zusammen mit Estragon, Lorbeerblatt und 600 ml Wasser zum Kochen bringen. Salz und Pfeffer hinzufügen und zugedeckt 10 Minuten garen. Den Fisch in große Stücke geschnitten hinzugeben und auf kleiner Flamme kochen, bis das Fleisch auseinanderzufallen beginnt. Die Fischstücke herausnehmen, enthäuten und entgräten. Estragon und Lorbeerblatt entfernen und die Sahne einrühren. Nochmals leicht erhitzen, den Fisch zurück in die Suppe geben, gut durchwärmen. Zum Servieren mit Estragon bestreuen.

*M*USCHELSALAT

1 kg Miesmuscheln
2 Zwiebeln
3 Karotten
2 Stangen Lauch
3 Stangen Sellerie
175 g Sellerieknolle
2 Knoblauchzehen
4 Eßlöffel Olivenöl
1 großer Bund Petersilie
3 Tomaten, geschält und entsamt
Salz und Pfeffer
Zitronensaft

Alle beschädigten, angebrochenen und geöffneten Muscheln müssen leider weggeworfen werden. Die restlichen, fest geschlossenen Muscheln sauber unter fließendem Wasser abbürsten und den Bart jeweils entfernen. In einen Topf geben und auf mittlerer Flamme zugedeckt 5 Minuten oder länger stehen lassen, bis sie sich geöffnet haben. Anschließend in eine Schüssel umleeren und das Wasser aufbewahren. Alles Gemüse würfelig schneiden oder fein hacken. Knoblauch und Petersilie fein wiegen, die Zwiebel im Öl glasig schmoren und dann Lauch, Karotten, Sellerie und Sellerieknolle sowie Knoblauch dazugeben. Ein paar Minuten kochen lassen und gelegentlich umrühren. Das Muschelwasser zweimal durch ein Baumwolltuch seihen und etwa 150 ml davon auf das Gemüse gießen. Zudecken und auf kleiner Flamme kochen lassen, bis das Gemüse gar ist. Eventuell etwas von dem Wasser nachgießen. Die Muscheln aus ihren Gehäusen schälen, wobei alle jene zu entfernen sind, die sich nicht geöffnet haben. Die Muscheln nun zum Gemüse geben, die Petersilie hinzufügen und unbedeckt 10 Minuten garen, so daß die Flüssigkeit etwas einkocht. Tomaten dazugeben und mit Salz und Pfeffer würzen. Auf eine Platte zum Anrichten geben, etwas Zitronensaft über den Muschelsalat träufeln und auskühlen lassen.

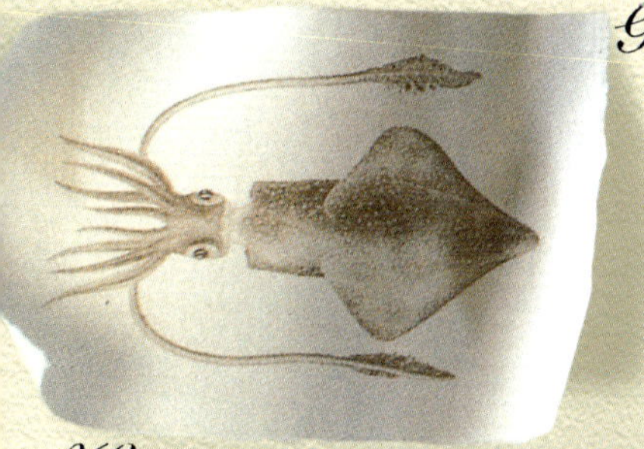

GEFÜLLTER TINTENFISCH

4 mittelgroße Tintenfische
25 g getrocknete Pilze
1 kleine gehackte Zwiebel
2 Eßlöffel Öl
75 g Schnellkochreis
1 Teelöffel getrockneter Thymian
1 Teelöffel getrockneter Oregano
Abgeriebenes von 2 Zitronen
Salz und Pfeffer
Tomatensauce (S. 26)

Die Tintenfische säubern, die rosarote schleimige Haut entfernen, ebenso Innereien, Kopf und Fühler. Die Taschen gut im Wasser spülen. Die Tentakel abschneiden und mit den Fühlern zusammen klein hakken. Die Pilze in heißem Wasser einweichen und 30 Minuten stehen lassen. Das Öl erhitzen und darin die Zwiebel und den gehackten Tintenfisch auf kleiner Flamme 5 Minuten anbraten. Den vorgekochten Reis, die Kräuter und die abgeriebenen Zitronenschalen hinzugeben. Die Pilze abgießen, feinhacken und ebenfalls in den Topf geben. Gut würzen. Die Taschen der Tintenfische zu drei Vierteln mit dieser Mischung füllen und die Öffnungen zunähen oder mit Zahnstochern zustecken. Fische in der Tomatensauce 30–40 Minuten langsam garen.

KABELJAU MIT PETERSILIE UND ZITRONENTHYMIAN

4 Kabeljausteaks
6 Eßlöffel getrocknete Brotbrösel
4 Eßlöffel gehackte Petersilie
2 Eßlöffel gehackter Zitronenthymian
Salz und Pfeffer
2 Eßlöffel Olivenöl

Brotbrösel und Kräuter miteinander mischen. Den Fisch auf beiden Seiten mit Salz und Pfeffer würzen und mit Öl bestreichen. Etwas von der Kräutermixtur auf beiden Seiten der Steaks fest andrücken und noch mehr Öl darüberträufeln. Den Fisch nun in eine leicht gefettete feuerfeste Form geben und im vorgeheizten Backrohr bei 200° circa 8 Minuten lang backen. Anschließend auf Oberhitze schalten oder in den Grill geben, damit die Oberfläche eine leichte Kruste bekommt. Mit Tomatensauce (S. 26) übergießen.

PFANNENGERÜHRTES HUHN AUF THAILÄNDISCHE ART

3–4 Hühnerbrüste, enthäutet und ohne Knochen
1 Eßlöffel Maismehl
2 Eßlöffel Brandy oder Sherry
2 Eßlöffel Soyasauce
2 frische rote Chillies (scharfe kleine Paprikaschoten) entsamt und feingehackt
1 Eßlöffel Reisessig
1 Eßlöffel Zucker
½ Teelöffel gemahlenes Zitronengras
2 Eßlöffel Öl
1 Zwiebel, in feine Ringe geschnitten
1 Handvoll Basilikumblätter, feingehackt
1 Handvoll Minzenblätter, feingehackt
Limonenzehen zum Garnieren

Das Hühnerfleisch in Würfel schneiden. Maismehl, Brandy und 1 Eßlöffel Soyasauce zusammen verschlagen und das Hühnerfleisch in der Mischung 15 Minuten marinieren lassen. Die restliche Soyasauce mit den Chillies, Essig, Zucker und Zitronengraspulver verrühren und beiseite stellen. Das Öl im Wok erhitzen und unter ständigem Rühren 2–3 Minuten lang Zwiebel und Hühnerfleisch anbraten, bis die Zwiebeln weich sind und das Huhn Farbe bekommt. Die Soyamischung und die Hälfte des Basilikums und der Minze hinzufügen. Unter ständigem Weiterrühren 1–2 Minuten wenden, bis das Hühnerfleisch zart geworden ist. Auf eine vorgewärmte Platte geben und mit den restlichen gehackten Kräutern bestreuen.

SCHWEINEROLLBRATEN MIT SALBEI

1 kg Schweinelende ohne Knochen und Haut, gerollt
10 Salbeiblätter
1 Knoblauchzehe, in Scheiben geschnitten
1 großer Thymianzweig
1 Lorbeerblatt
Salz
2 Eßlöffel Olivenöl

Mit der Spitze eines scharfen Messers das Fleisch auf allen Seiten einstechen und mit den Salbeiblättern und den Knoblauchscheibchen spicken. Die Blätter von dem Thymianzweig abstreifen und mit dem zerriebenen Lorbeerblatt mischen. Den Rollbraten mit dieser Mixtur einreiben und in eine nicht zu große feuerfeste Form geben. Mit dem Öl beträufeln und im vorgeheizten Backrohr 1 Stunde lang braten. Gelegentlich mit der Bratenflüssigkeit begießen. Das Fleisch anschließend 10 Minuten an einem warmen Ort ruhen lassen, bevor es aufgeschnitten wird.

Dieser Schweinerollbraten schmeckt auch kalt gut, etwa mit Kartoffelsalat.

KANINCHEN MIT ROSMARIN

4 Stücke Kaninchenfleisch
150 ml Olivenöl
1 Knoblauchzehe, gehackt
2–3 Rosmarinzweige
Saft einer halben Zitrone
150 ml Weißwein
2 Tomaten, geschält, gehackt und entsamt
Salz und Pfeffer
50 g kleine schwarze Oliven

Das Kaninchenfleisch in Öl, Knoblauch, Rosmarin und Zitronensaft 6–8 Stunden marinieren lassen. Während dieser Zeit gelegentlich in der Marinade wenden. Danach beides in eine schwere Pfanne geben und auf kleinem Feuer 20 Minuten schmoren. Den Wein hinzugeben, zum Kochen bringen und die Flüssigkeit allmählich eindicken lassen. Die Tomaten daraufgeben, mit Salz und Pfeffer würzen und weitere 25 Minuten leise kochen lassen. Nun kommen die Oliven hinzu.

Nocheinmal 5 Minuten kochen lassen, dann die Rosmarinzweige entfernen und auftragen.

*B*ŒF EN DAUBE

1 kg Rindfleisch (Rücken)
2 Zwiebeln, geviertelt
2 Karotten, geschnitten
2 Bund frische Mischkräuter
300 ml Rotwein, Öl
125 g gepökeltes Schweinefleisch
4 Knoblauchzehen, zerquetscht
1 Streifchen Orangenschale
1 Prise Cayennepfeffer
Salz und Pfeffer

Das Rindfleisch in 8–10 Stücke zerteilen und zusammen mit den Zwiebeln, Karotten, einem Kräuterbund, Rotwein und 1 Eßlöffel Öl in eine Schüssel geben und 4–5 Stunden marinieren lassen; dabei gelegentlich in der Marinade wenden. Die Schwarte vom Pökelfleisch entfernen und in dünne Streifen schneiden. Dieses in kleine Würfel schneiden. Einen weiteren Eßlöffel Öl in eine Steingutform geben, Pökelfleisch und Schwartenstreifen, Rindfleisch und Gemüse hineingeben. Zwischen den einzelnen Zutaten die zerquetschten Knoblauchzehen verteilen, den zweiten Kräuterbund und einen Streifen Orangenschale in die Mitte setzen und mit Pfeffer und etwas Cayenne würzen. Die Marinadenflüssigkeit darübergießen. Das ganze langsam zum Kochen bringen (ohne Deckel) und warten, bis der Wein einkocht. Mit Wasser aufgießen, alles mit Alufolie und einem festschließenden Deckel zudecken und ins vorgeheizte Backrohr geben. Bei etwa 150° 3½–4 Stunden schmoren lassen. Vor dem Servieren einiges von dem Fett, das sich am Boden der Steingutform angesammelt hat, abnehmen und Kräuterbund samt Orangenschale entfernen.

Türkische Köfte

Diese Köfte kann zu einem Würstchen geformt zu Bratspießchen gegeben werden oder wie ein Hamburger zurechtgemacht werden. Man braucht:

500 g faschiertes Lammfleisch
1 kleine, feingehackte Zwiebel
2 Teelöffel gehackte Minze
½ Teelöffel rote Paprikastückchen
Salz

Alle Ingredienzen miteinander vermischen und durch ein Passiergerät drehen. Die Masse anschließend mit nassen Händen in die gewünschte Form bringen. Im Grillgerät oder auf offenem Feuer 8–10 Minuten braten.

Liebstöckel- und Kartoffelomelett

Dies ist ein gehaltvolles Omelette, ähnlich einer spanischen Tortilla. Dazu gehören:

4 Eßlöffel Olivenöl
1 mittelgroße gehackte Zwiebel
125 g gekochter oder roher Schinken, in Würfel geschnitten
3 mittelgroße Kartoffeln, gekocht und in Würfel geschnitten, 4 Eier
1 Handvoll Liebstöckelblätter, gehackt
Salz und Pfeffer

2 Eßlöffel von dem Öl in eine große Bratpfanne geben und die Zwiebel darin goldbraun werden lassen. Den Schinken und die Kartoffeln dazugeben und etwa 4–5 Minuten sautieren. Die Eier in einer größeren Schüssel leicht schlagen, salzen, pfeffern und das Gemüse, den Schinken und den Liebstöckel dazugeben. Die Pfanne gut reinigen, das restliche Öl darin heiß werden lassen und die Mischung hineingeben. Auf kleiner Flamme stocken lassen und an der Pfanne immer wieder rütteln, damit nichts ansetzt. Sobald die Eiermasse fest geworden ist, das Omelette umdrehen. Falls nötig, noch etwas Öl in die Pfanne geben, das Omelette in die Pfanne zurückgleiten lassen und noch ein paar Minuten backen.

Reis mit Minze und Koriander

250 g Basmati-Reis
(feinster Langkornreis)
1 Handvoll Korianderblätter
1 Handvoll Minzenblätter
2 kleine grüne (scharfe)
Paprikas (Chillies)
1 Zwiebel, 75 ml Öl
4 Nelken, 5 cm Zimtstange
1 Teelöffel Salz

Den Reis gut waschen und 30 Minuten einweichen. Die Kräuter feinhacken, die Chillies entsamen und ebenfalls feinhacken. Die Zwiebel hacken. Das Öl in einer großen Bratpfanne erhitzen, bis es sehr heiß ist, Nelken und Zimtstange hineingeben. Den Reis dazuleeren und gut umrühren, so daß die einzelnen Reiskörner vom Öl bedeckt sind. Die Kräuter, Chillies, Zwiebel und Salz dazugeben und 600 ml kaltes Wasser aufgießen. Kurz umrühren und zum Kochen bringen. Die Hitze herunterschalten und zugedeckt 15 Minuten lang leise kochen lassen, bis das meiste Wasser verdampft ist und sich kleine Löcher auf dem Reis gebildet haben. Die Herdplatte ausschalten, den Reistopf aber noch 15 Minuten darauf stehen lassen. Umrühren. Auf eine vorgewärmte Platte stürzen.

GERÖSTETER KNOBLAUCH

Gerösteter Knoblauch läßt sich am besten im Sommer mit frischem Knoblauch machen. Man braucht:

4 Knoblauchzwiebeln
2 Eßlöffel Olivenöl
Salz und Pfeffer

Die Knoblauchzwiebeln in Zehen teilen, diese aber nicht schälen. In eine Steingutform geben, das Öl darüberträufeln, wobei gut darauf zu achten ist, daß alle Zehen vom Öl bedeckt werden. Salz und Pfeffer darüberstreuen und im vorgeheizten Backrohr bei 180° 20–30 Minuten garen. Von Zeit zu Zeit mit dem Öl beträufeln. Das weiche Innere läßt sich ganz leicht aus der Schäle drücken.

TIAN VON TOMATEN UND AUBERGINEN

2 große Auberginen
1 Zwiebel, gehackt
Olivenöl, 2 Eier
2 Knoblauchzehen, feingehackt
1 Handvoll Basilikumblätter
Salz und Pfeffer
3 große Tomaten
2 Eßlöffel Brotbrösel
2 Eßlöffel geriebener Parmesankäse

Die Auberginen würfelig schneiden, in kochendes Salzwasser geben und darin 5 Minuten sieden. Das Kochwasser aufheben. Die Zwiebel in 1 Eßlöffel Öl anbraten, bis sie weich ist, dann den Knoblauch dazugeben. Die Basilikumblätter in kleine Stücke zerreißen. Die Eier schlagen, mit Salz und Pfeffer würzen und die Auberginenstücke, die Zwiebel, den Knoblauch und die Hälfte des Basilikums einrühren. Eine Auflaufform mit etwas Öl bestreichen und die Mischung hineingeben. Etwas Öl darüberträufeln, die Tomaten in Scheiben schneiden und obenauf arrangieren. Salzen, pfeffern und mit dem restlichen Basilikum bestreuen. Brösel und Parmesankäse darauf verteilen und noch ein paar Tropfen Öl darübergeben. Bei 190° circa 35 Minuten backen.

ARTISCHOCKEN IM KRÄUTERSUD

4 Artischocken
1 kleiner Bund Petersilie, gehackt
1 Teelöffel Mischkräuter
wie Majoran, Bohnenkraut, Thymian
1 Lorbeerblatt
4 Knoblauchzehen
150 ml Olivenöl
250 ml Weißwein
Salz und schwarzer Pfeffer

Die Stengel abschneiden und die harten äußersten Blätter entfernen. Die Spitzen der Blätter abschneiden. Die Artischocken nebeneinander, Spitze nach oben, in einen schweren Topf setzen. Die Kräuter und die Knoblauchzehen zwischen den Artischocken verteilen, alles mit dem Öl und dem Weißwein übergießen und so viel Wasser auffüllen, daß die Artischocken davon knapp bedeckt werden. Mit Salz und Pfeffer würzen und zudecken. Zum Kochen bringen, auf kleiner Flamme weitersimmern lassen, mit der Kochflüssigkeit als Sauce servieren.

MINZEN-JULEP

Pro Person *einen Teelöffel Streuzucker* und *2 Teelöffel Wasser* in ein großes Glas geben und rühren, bis sich der Zucker aufgelöst hat. *3–4 Stengel Minze* dazugeben, das Glas mit *zerstampftem Eis* auffüllen und *einen Schluck Bourbon Whiskey* darübergießen. Obenauf mit einem weiteren Stengel Minze garnieren und mit Strohhalm servieren.

BERGAMOTTE- UND LIMONENSORBET

250 g Zucker
300 ml Wasser
6 Stengel Bergamotte
1 Eiweiß
150 ml Zitronensaft

Den Zucker in Wasser auflösen und 3 Minuten lang stark kochen, bis ein Sirup entsteht. Die Bergamottenstengel in den Sirup tauchen und stehen lassen, bis dieser erkaltet ist. Die Stengel entfernen. Die Eiweiß – nicht zu steif – schlagen und zusammen mit dem Zitronensaft in den Sirup geben. Alles in eine Eismaschine geben und nach Gebrauchsanweisung gefrieren.

ROSMARIN- UND MUSKATELLER-SORBET

300 ml Wasser
125 g Zucker
3–4 Zweige Rosmarin
1 Eiweiß
250 ml Muskatellerwein

Für einen vollmundigen Muskateller-Geschmack nimmt man am besten einen Wein wie Beaumesde Venise; für ein leichteres Aroma einen Elsässer. Das Wasser mit dem Zucker zum Kochen bringen und 3 Minuten lang stark kochen. Den Rosmarin in den dabei entstehenden Sirup tauchen und darin stehen lassen, bis dieser ausgekühlt ist. Den Rosmarin wieder herausnehmen. Das Eiweiß nicht zu steif schlagen und unter den Sirup mischen. Dann den Wein unterrühren, alles in der Eismaschine gefrieren.

REGISTER

R

S

T

W